W0171932

Polt und Müller · Nikolausi

GERHARD POLT
HANNS CHRISTIAN MÜLLER

Nikolausi

UND
ANDERE GESCHICHTEN
ZUR WEIHNACHTSZEIT

ILLUSTRIERT VON
VOLKER KRIEGEL

HAFFMANS VERLAG

»Nikolausi«, »Advent« und »Die Weihnachtsgratifikation«
erschienen in Buchform erstmals in Gerhard Polts und
Hanns Christian Müllers Sammlung von alltäglichen Geschichten,
Da schau her, Haffmans 1984.
Den neuen alltäglichen Geschichten *Ja mei*, Haffmans 1987,
ist »Der Einsame« entnommen.
»Sankt Nikolaus« wurde erstmals in *Der Bürgermeister von Moskau*,
Haffmans TaschenBuch 1045, 1989, abgedruckt.
»Der Weihnachtsneger« erschien zuerst in *Der Rabe*, Magazin für jede
Art von Literatur, Nummer 31.
Das Umschlagbild und die Zeichnungen hat Volker Kriegel
eigens für diese Weihnachtsausgabe erstellt.

Erstausgabe
Alle Rechte vorbehalten
Copyright © 1995 by
Haffmans Verlag AG Zürich
Satz: Fosaco AG, Bichelsee
Druck und Bindung:
Ebner Ulm
ISBN 3 251 00292 9

Inhalt

Nikolausi

SOHN Nikolausi . . .

VATER Hehehe, der Kleine, hehe, nein, das ist nicht Nikolausi, das ist Osterhasi, hehehe hehe.

SOHN Nikolausi . . .

VATER Hehehe, nein, das ist nicht Nikolausi, weißt du, jetzt ist ja Frühling. Es ist ja jetzt nicht mehr Winter, hehehehe.

SOHN Nikolausi . . .

VATER He, nein, he, das ist Osterhasi, weißt du, Osterhasi mit den Öhrli, hehehe, der bringt Gaggi für das Bubele, hehehehe, jaja.

SOHN Nikolausi . . .

VATER He, nein, also nein, nein, weißt du, das handelt sich hier nicht um, äh, um, um Nikolausi, das ist Osterhasi, net, das ist ein Osterhasi, kein Nikolausi, gell?

SOHN Nikolausi . . .

VATER Ja also, nein, jetz hör doch mal zu, net, wenn ichs dir scho sag, das ist, es handelt sich hier nicht um ein Nikolausi, sondern um ein Osterhasi, net. Jetzt sieh das doch mal endlich ein.

SOHN Nikolausi . . .

VATER Ja also, ja Rotzbub frecher, ja wie soll ichs

dir denn noch erklären, also so was nein, gleich
schmier ich dir eine, net.

SOHN Nikolausi . . .

VATER Ja Herrschaftseitenmalefitz, jetzt wider-
spricht er ständig, net. Jetzt jetzt hör doch amal
zu, wenn ich schon sag, äh äh Nik . . . äh O . . .
ähäh, das ist Osterhasi, net . . .

SOHN Nikolausi . . .

VATER Na, das ist kein Nikolausi, net, jetzt, also,
wenn einer mal sich in einen Gedanken förmlich
hineinverrennt, dann ist er ja wie vernagelt, net.

SOHN Nikolausi . . .

VATER *schreit* Ja, also so, ja also du Rotzbub, net,
das ist ein Osterhasi, das ist kein Nikolausi,
Osterhasi, verstanden, Osterhasi . . .

SOHN Nikolausi . . .

Advent

*Ein idyllischer verschneiter Bauernhof in Oberbayern,
Spätnachmittagsstimmung, es wird bald dunkel, im Bauernhof sind die Lichter an, in der Stube blaues Fernseh-
lichtflimmern. Die sakral-gedämpfte Reporterin steht
dem besoffenen Gschwendtnerbauern im Hof gegenüber.*

GSCHWENDTNER Abfent, Abfent,

         ein Lichtlein prennt,

         Abfent,

         hein Lichtlein preennt . . .

  *Gschwendtner gönnt sich wieder einen Schluck Bier,
rülpst, torkelt.*

REPORTERIN Ja, das war sehr schön, und nun
schreitet der Herr des Hofes, Herr Gschwendtner, auf uns zu, und nun gleich die Frage: Äh . . .
Herr, ah . . .

GSCHWENDTNER Ja?

REPORTERIN Herr Gschwendtner, Advent scheint
ja auch im Oberbayerischen . . .

GSCHWENDTNER Ja.

REPORTERIN . . . eine alte, uralte Tradition zu sein.

GSCHWENDTNER Ja, des is wahr, Abfent, net, des
is quasi a so, ein Abfent, net, ohne einen Abfent,
des waar praktisch so gut wia überhaupt kein

Abfent. Und drum, mia könnens auch kaum mehr derwarten.

REPORTERIN Das ist hochinteressant, was Herr Gschwendtner uns hier erzählt, und was ist nun das Typische an dieser typisch bayerischen, uraltchristlichen, äh Tradition?

GSCHWENDTNER Ja, mei, es is doch aso, net, sagen mia amal, mia könnens halt kaum mehr derwarten, weil, bis mia allwei Abfent feiern, net, mia ham also a Ding, as Fruahjahr, net, is dazwischen, nacha hamma an Fruahsommer, net, a gehts in Sommer nei . . .

REPORTERIN Herr Gschwendtner, äh . . .

GESCHWENDTNER Wia? *Rülpst.*

REPORTERIN Neinnein . . .

GSCHWENDTNER Was is?

REPORTERIN Nichts.

GSCHWENDTNER Is was?

REPORTERIN Nein, ah . . .

GSCHWENDTNER Wos wolln S' denn nachad? Oiso, ah, an Summa hamma scho ghabt, net, nachad kimmt da Spatsumma, des geht ja quasi bis in Herbst, net, und nachad is allwei no a Zeitlang hin, gell, bis daß ma sagn kunnt, daß asoweit is, und wenn ma nachad an Abfent ham, ah, nachad sagt ma si, ja jetzad, net, jetzad gehts quasi, also jetzt samma so weid, daß' bald is und mia könnens ja kaum mehr derwarten, net, weil mia scho ganz unruhig und nervös san – bis soweit is.

REPORTERIN Ja, das ist verständlich, äh. Sie haben hier in alter Tradition, gibt es wahrscheinlich irgendwelche spezifischen Backwaren an Advent. Gebäck? Oder gibt es was Besonderes, was Sie in diesen festlichen Tagen zu sich nehmen?

GSCHWENDTNER Ja mei, gell, mia trinken an Abfent, also, da essen mia – an Schweinsbratn gibts, net, und an Knödel, wie anundfürsich sonst auch, mia trinken ein Bier, ah, i trink allwei praktisch, ich hab also, mia ham also des in dem Sinn jetz nicht – aber Abfent, sagen mia mal, is doch, ah – die Zeit der Erwartung. *Trinkt*.

REPORTERIN Schön. Sehr schön. Advent heißt: Erwarten. Und worauf richtet sich eigentlich die Erwartung, Herr Gschwendtner?

GSCHWENDTNER Ja mei, des is aso, net, wenns so weitergeht, nacha samma bald im Fasching drin, net, und dann, des is ja doch eine Zeit, wo man sich darauf besinnt, net, weils ja nachad doch Ernst wird. Und des is, man muß sich schon Gedanken machen, ich mein, warum man auch, sagen mia mal, vom Herzen des kimmt, und mia also doch des auch ernst nehmen.

REPORTERIN Ja, wir wollen diese Andacht nicht zerstören, und nun singt uns Herr Gschwendtner noch eines dieser herrlichen inbrünstigen Adventslieder.

Die Reporterin gibt Gschwendtner einen Fünfzigmarkschein.

GSCHWENDTNER *verstaut das Geld und singt dabei*
Abfeend, Abfeend, hein Lichlein preent . . .
Sie, des tuat ma leid, i muaß jetz nei, d' Sportschau fangt o . . .
Abfent, hein Liecht-lein . . .
Er stolpert und fällt hin. Sacklzementzefixhallelujahimmiarschundzwirnvareck!!!

REPORTERIN Wir bedanken uns, und damit geben wir zurück ins Studio.

Der Einsame

I. TEIL

Erwin und Käthe Böhm sitzen im Wohnzimmer bei einem Beratungsgespräch Frau Scharp gegenüber, die berät.

FRAU SCHARP Da hier ist der Vincent Häberle, 16 Jahre alt. Er hat beide Eltern verloren. Das hat dann dem armen Jungen also dermaßen einen Schock verpaßt, daß sich seine Entwicklung ganz stark verlangsamt hat.

ERWIN Was, an Deppn?

SCHARP Nein, er ist durchaus zurechnungsfähig. Der Arme ist halt ganz allein und a bisserle durcheinander seit dem schrecklichen Verkehrs-unfall – beide Eltern, überlegen S' sich amal.

KÄTHE Naa, 16 Jahr, der is ja praktisch a Jugend-licher.

SCHARP Ja aber grade so ein junger Mensch braucht doch . . .

KÄTHE Naaa, na ham mia da so an Jugendlichen umanand sitzn, da wüßt ma ja garnet was ma mit dem anfangen solln. Scho was Gesetzteres.

ERWIN Aber scho einsam, weil ma will ja helfn.

SCHARP *blättert* Hier nehmen S' doch da diese

15

Frau Güldemet, 42 Jahre, Reinigungskraft. Mutterseelenallein. Die ganze Familie ist ausgewiesen worden.

KÄTHE Na, koa Ausländerin. Ausländer scho vo Haus aus net, des ham ma ja glei gsagt. De soll doch hoamfahrn.

ERWIN Außerdem ham ja de garkoa Weihnachtn. De ham ja nur an Ramadan. Da lodn de mi ja aa net ei.

KÄTHE Wenn ma scho an Einsamen nehmen, muß er wenigstens gscheit Deutsch können.

ERWIN 's gibt doch gnua Deutsche de wo einsam san. I war ja selber einsam. Des war wo sie in der Urologischen war. Da war i einsam, des war a Weihnachtn kann ich Ihnen sagen.

KÄTHE Drum macha mia ja des Ganze überhaupts, verstehn Sie.

SCHARP Oder hier, das hier wäre Herr Ottmar Dietz, Kraftfahrzeugschlosser. Hat einmal einen Fehler gemacht und ist dabei auf die schiefe Bahn geraten. Hat aber schon längst . . .

KÄTHE Naa, koan Zuchtheisler. Dieser Personenkreis kommt doch für uns nicht in Frage. Mia macha des eh nur, weil ich war in der Urologischen vor zwoa Jahr und mein Mann war damals furchtbar einsam und mir is aa schlecht ganga,

aber so a Personenkreis is doch indiskutabel. So
oan dadn Sie doch aa net nehma oder – stimmt
doch.

ERWIN Was ham S'n noch da?

SCHARP Vielleicht mehr aus dem Seniorenkreis?

ERWIN Naa, koan Dadderer.

SCHARP Neinnein, hier, Herr Clemens Friedel,
Oberstleutnant a. D., das ist ein sehr rüstiger
älterer Herr. Geistig frisch, also der Mann ist
vollkommen da, aber, allerdings, wie gesagt,
keine einzigen Angehörigen mehr, alles im
Osten gelassen.

ERWIN Ja, des klingt doch recht anständig, den
könntn ma doch nehmen zum ersten Advent.

SCHARP Wir betreuen Herrn Friedel schon seit
Jahren. Da hat's noch nie Schwierigkeiten gegeben. Herr Friedel ist sehr gesellig.

KÄTHE Moment – kann ich des Foto nochamal
seng?

SCHARP Bitte, gnä Frau. *Reicht ihr ein Foto.*

KÄTHE Ja, aber Sie, der raucht ja, der hat ja a Pfeife
im Mund.

SCHARP Ja, Herr Friedel schmaucht ab und zu
vielleicht ein Pfeifchen . . .

KÄTHE Naa, so a Pfeifenrauch, der nistet sich ja
dermaßen fest, des is ja –

17

ERWIN Sie mogs net. Wissen S' – die Gardinen . . .

SCHARP Ja aber man kann doch ab und zu mal ein Pfeifchen . . .

KÄTHE Na, fangen mia garnet an, mia ham doch gsagt a Nichtraucher. – Ham ma net gsagt a Nichtraucher?

ERWIN Doch, mia ham gsagt a Nichtraucher. Ich rauch ja scho seit fünf Jahr nimmer. Sie wern doch noch an Nichtraucher ham?

KÄTHE Ham S' koan Nichtraucher?

SCHARP Nichtraucher –

KÄTHE Es werd doch noch an Deutschn gebm, der wo net raucht aber – sagn ma mal – einsam is.

ERWIN Halt einer, der für uns in Frage kommt.

KÄTHE Irgendein Deutscher oder an Beamtn oder so, der wo halt aber aa einsam ist, aber scho was Anständigs.

SCHARP Nehmen Sie den Herrn Kusiek.

ERWIN Wie hoaßt der?

SCHARP Herr Kusiek ist Deutscher. Regierungshauptsekretär bei der Bundespost. Da ham S' was Solides.

ERWIN Und der wär noch frei?

SCHARP Meines Wissens ja. Soll ich Herrn Kusiek für Sie vormerken?

ERWIN Ja, wenn er einsam is, derf er kemma.

SCHARP Also nehmen Sie Herrn Kusiek.

KÄTHE Guat, nehmen ma n Herrn Kusiek. Aber Sie, wenn ich amal fragn darf, wieso isn der einsam? Hat der irgendwelche Mackn?

SCHARP Herr Kusiek ist Junggeselle.

KÄTHE Also ja, aber des is dann schon irgendwie . . .

SCHARP Neinnein, das geht Hundertprozent in Ordnung. Wir sind ja selber halb staatlich, und unsere Adventspatenschafts-Aktion »Macht auf die Tür« ist ja auch mit den Landeskirchen koordiniert. Sie kriegen dann einen Vertrag von uns zugeschickt. Die Aufwendungen für den Einsamen, die Ihnen entstehen, können Sie auch steuerlich geltend machen.

So, dann hättn mir glaub ich alles. Herr Böhm, Frau Böhm, ich gratuliere zu so viel menschlicher Wärme und Großzügigkeit. Den Rest schick ich Ihnen dann zu. Also dann, Wiederschaun!

ERWIN Ja, Wiedersehn.

KÄTHE Wiederschaun, äh hallo, Frau Scharp, äh an Moment noch aber, ah Sie äh, spätestens um halb elf muß er fei gangen sein, gell, 22 Uhr 30 ist Zapfenstreich, spätestens!

ERWIN Is ja dann a lang gnua. Weil irgendwia möcht ma ja aa mol sei Ruah ham, oder?

SCHARP Jaja, das machen wir dann alles schriftlich. Herr Kusiek kommt frühestens bei Anbruch der Dämmerung, verläßt spätestens 22 Uhr 30 die Adventspatenschaft.

KÄTHE Genau und dazwischen machen wirs ihm schön. Also, Wiederschaun!

SCHARP Wiedersehn!

ERWIN Wiedersehn!

II. TEIL

Im Fernseher läuft Werbung. Es klingelt.

ERWIN Mach auf, des is er.

KÄTHE Kimm halt aa mit, dern man gemeinsam empfangen.

ERWIN Also guat – wie hat der ghoaßn?

KÄTHE Woaß aa net. Schaug halt im Vertrag nach.
Es klingelt wieder.

ERWIN Jetzt mach halt auf.

KÄTHE Mach an Fernseher aus, wenn der Bsuach kimmt. Wia schaugtn des aus.
Käthe öffnet die Eingangstür. Herr Kusiek steht in der Tür.

KÄTHE Ja, guatn Abnd.

KUSIEK Bin ich hier richtig bei Böhm? Ich komme wegen dieser Adventspatenschaft.

KÄTHE Ja, kemman S' eina.

ERWIN Wie war jetzt gleich der Name?

KUSIEK Kusiek, Wulf Kusiek.

ERWIN Wulf Kusiek, ja des stimmt. Steht aa do drin, Sie sans.

KUSIEK Ja, ich bins.

KÄTHE Kommen S' doch rein, legen S' ab, dann mach mas uns gleich gemütlich. – Erwin, leg amal die Platte auf.

Erwin legt Platte auf. Kusiek legt ab.

ERWIN A bisserl a Atmosphäre.

KÄTHE Schön gell!

KUSIEK Schön.

III. TEIL

KÄTHE Soo, ja, Herr Kusiek, was isn? Schmeckt Ihnen der Stollen net? Mögen S' vielleicht a Plätzerl?

KUSIEK Nein danke.

ERWIN De san fei guat.

Kusiek knabbert an einem Plätzchen.

KUSIEK Selbst gebacken?

ERWIN Naa, sie backt scho lang nimmer.

KÄTHE Die san vom Prima 2000 – mit Zimt. Sie kenna ruhig mehr ham. Mia lagern de kartonweise.

ERWIN Ab einem Karton hat mas zum Sonderpreis. I find, de schmeckn fast besser wia selberbackn. – Vielleicht an Schluck Kaffee?

KUSIEK *winkt ab* Danke nein, die Galle.

ERWIN Ah so . . .

KÄTHE Was?

KUSIEK Galle.

KÄTHE Ah ja, Galle. Dann vielleicht an Tee?

KUSIEK Nein danke, Tee erst recht nicht, das Herz.

ERWIN Ah so, es Herz. Is scho schwierig, gell.

KÄTHE Dann vielleicht an Schluck Wein, Herr Kusiek. Mia kanntn 'n ja jetz scho aufmachn?

KUSIEK Bedaure, bin Diabetiker.

KÄTHE Ja, des is a Spätlese, des waar doch was.

ERWIN Vom Prima 2000 ham ma n rausdaucht. Da kauft man recht günstig ein . . .

KUSIEK Ach . . .

IV. TEIL

Käthe zündet eine Kerze an.

KÄTHE So, Herr Kusiek, jetzt würd ich sagn, mach
mas uns a bisserl feierlich. Des is ja der Sinn der
Sache. – Dreh d Plattn um, Erwin.

ERWIN Mei, mia hams halt gmacht, weil i woaß
wia des is, wenn ma einsam is.

KUSIEK Ach ja.

ERWIN Weil des war vor zwoa Jahr an Weihnachtn. Da war mei Frau in der Urologischn. Da
war ich vielleicht einsam.

KÄTHE Ja i scho aa. I war ja allein im Zimmer. De
andern ham ja alle hoam dürfn über Weihnachtn.

ERWIN I hob aa bloß drei Weißwürscht gessn. De
hob i halt grad dahoam ghabt.

KÄTHE Bei uns ham so Kapuzinermönche so Lebkuchen verteilt.

ERWIN Ja, in der Urologischen hams Lebkuchen
verteilt an Weihnachtn.

KÄTHE Naa, net nur in der Urologischen. Die ham
aa in der Chirurgischen und bei de HNO-
Patientn, de ham aa an Lebkuachn kriagt. *Sie
wird immer gerührter.*

KUSIEK Ach so.

ERWIN Also glaum S' mas, ich weiß was a Einsam-
keit is. A Vollkornbrot hab i zu de Weißwürscht
essn müssn, weil net amal a Brezn da war.

KÄTHE *fängt laut zu weinen an.*

v. TEIL

KÄTHE So, Herr Kusiek, jetzt hol ich uns an
Punsch.

ERWIN Is scho so weit? Ja, Herr Kusiek, so is des.
*Kusiek holt ein Päckchen Zigaretten aus der Tasche.
Zündet eine an. Käthe kommt mit Punsch wieder.*

KÄTHE So jetzad. He, Sie, seit wann rauchen Sie?
Mia ham im Vertrag, daß Sie Nichtraucher sind.

KUSIEK Oh, Verzeihung. *Macht die Zigarette wieder
aus.*

KÄTHE Naja, i hab halt gmeint . . .

ERWIN I hob aa vor fünf Jahr aufghört. Es is wegn
die Gardinen und s is eh gsünder.

KÄTHE Aber einmal im Jahr dürfn S' doch auch
amal a bisserl sündign, Herr Kusiek. Jetzt trinkn
mia a Glasl Punsch, gell.

ERWIN Muaß aa mal sein. Is ja schließlich Advent.
Prost Herr Kusiek.

KÄTHE Auf Ihr Wohl. Na, schmeckt er?

KUSIEK Doch, sehr.

KÄTHE Des is a fertiger. Vom Prima 2000. I find der is fast besser, wia wenn ma n selber macht.

VI. TEIL

KÄTHE Schaut S' euch doch amal diesen Lichterglanz an. Was so a Kerze an Geborgenheit ausstrahlt.

ERWIN Ja, da kimmt des Elektrisch net mit. Gell, Herr Kusiek?

KUSIEK Ja.

KÄTHE Und dann san Sie praktisch ständig einsam?

KUSIEK Ja, leider.

ERWIN Ja, des dauert lang, bis ma sich daran gewohnt. Aber, ma gwohnt sich an alles. Der Mensch ist ein Gewohnheitstier. Stimmts, Herr Kusiek?

KUSIEK Tja.

KÄTHE Aber wenn er mal nimmer lebt, i glab i koch mir dann nix. Weil wenn ma aloa is, für was soll i dann kochn.

ERWIN Kochn Sie für Eahna dahoam, Herr Kusiek?

KUSIEK Kaum.

KÄTHE Gell, des rentiert si net.

VII. TEIL

KÄTHE Ah, Herr Kusiek, daß mas net vergessn,
Sie müssn noch unterschreibn, daß Sie da bei uns
warn.

ERWIN Wissen S' sis nur wegam Finanzamt, weil
nur dann kann ma des steuerlich absetzn, daß Sie
da warn.

KÄTHE Mach amal a Licht, sonst sieht er ja nix, der
Herr Kusiek.

KUSIEK Der Kuli schreibt nicht.

ERWIN Da, schreim S' mit dem.

KÄTHE Was is, mögn ma jetz vielleicht a bisserl
was Herzhaftes? Ich mach uns a Salamibrot, oder
so.

KUSIEK Nein, leider, der Magen.

ERWIN Ah, so, der Magn. Aber mir bringst a
Salamibrot und na bringst ma glei a Bier. I kon
des siaße Zeig nimmer sehn.

KÄTHE Aber vielleicht mag der Herr Kusiek noch
an Punsch?

KUSIEK Nein, danke.

ERWIN *zu Kusiek* Oan, zwoa Schluck von dem
   Punsch, na kriag i alwei Sodbrennen.

KUSIEK Ich auch.

ERWIN Gell, Sie auch.

VIII. TEIL

Erwin und Käthe kauen am Salamibrot. Kusiek ist
gerade nicht da.

KÄTHE Was moanst n was der verdient?

ERWIN Mei, ah vielleicht is er A 12 oder . . .
   Kusiek kommt gerade zur Tür herein.

KÄTHE *kaut noch* Mögn S' net doch noch vielleicht
   so a Salamibrot, Herr Kusiek? Des is wirklich
   ganz was Leckeres.

KUSIEK Nein danke, im Moment . . .

KÄTHE Diese Salami Mailänder Art is es Beste an
   Wurscht, was der Prima 2000 zum Bieten hat.
   Grad so in geselliger Runde schmeckts über-
   haupt am bestn.

ERWIN Was kimmtn jetz?

KÄTHE Mögn S' lieber an Krimi im Zweitn oder
   »Wer bin ich«, des Ratespiel?

ERWIN Is ja wurscht. Schaun ma halt amal nei. *Er*

27

startet den Fernseher per Fernbedienung. Zu Kusiek
Is scho a Segen, so a Fernbedienung.

KÄTHE Im Drittn kammat so a oider Spielfilm.

KUSIEK »Mord im Orient Express«.

ERWIN Gell, Sie schaun aa ab und zu.

KUSIEK Naja . . .

ERWIN Mia schaun eigentlich ganz seltn.

Alle drei gaffen.

KÄTHE Aber wenn mia Bsuch ham, na schaltn mia
meistns glei wieder aus.

ERWIN Was kimmtn im Zwoatn? *Erwin schaltet um.*

IX. TEIL

ERWIN Was kimmtn im Österreicher? *Schaltet um.*

KÄTHE Ja, Herr Kusiek, ich will Sie nicht drän-
gen, aber jetz kemman dann gleich die Tagesthe-
men. Mia ham doch 22 Uhr 30 verabredet –
meines Wissens. Des soll also durchaus kein
Rausschmiß sein, aber so allmählich . . .

ERWIN Wissen S', mia wolln halt aa amal a bisserl
unter uns sein. Grad in der staadn Zeit braucht
ma a bisserl a Besinnung. Aber es war doch
durchaus nett, oder?

Sankt Nikolaus

Straße in einer Trabantenstadt – Häuserflucht. Ein Auto kommt zügig angefahren, Vollbremsung. Ein zweites Auto muß ebenfalls scharf bremsen. Allmähliche Staubildung. Ein gestürzter Nikolaus sammelt auf der Straße seine Utensilien zusammen.

FAHRER DES 1. WAGENS *zum Fenster raus.* Herrgottzackrament, du Klätzn, kost du net aufpassn?! Geh weida, schleich di mit dein Graffe, du Huastnguattl, du windigs!!

FRAU *aus dem 1. Wagen raus, kaum zu sehen* Aso laaft ma ja aa net auf da Straßn umanand, des is ja verkehrswidrig!!

Der Nikolaus gibt sich sichtlich Mühe, seine Sachen schnell und unbürokratisch von der Fahrbahn zu transportieren.

FAHRER DES 1. WAGENS Kaaf dir doch an Blindenhund, blääda Siedla, wennst net alloa üba d Straß kimmst!!

FRAU *aus dem Wagen* Mia samma doch net im Fasching. So ein Kaschperl!

Es beginnt ein Hupkonzert. Der Nikolaus hat seine

Utensilien notdürftig zusammengerafft, der Verkehr fließt wieder.

FAHRER DES I. WAGENS *im Vorbeifahren* Arschloch! *Schließt sein Fenster.*

Man hört einige überfahrene Walnüsse knacken. Der Nikolaus hat sich gefangen, vergleicht auf einem Zettel eine Adresse, sieht an dem Hochhaus empor, vor dem er steht, und ist offenbar am Ziel. Er geht zum Hauseingang, sucht, läutet, wartet. Es knackt, pfeift, dann aus dem Summer eine Stimme.

STIMME (OFF) Hallo, – hallo, wer is da?
NIKOLAUS Sankt Nikolaus steht vor der Tür.
STIMME (OFF) Ah, Sie sinds, Moment.

Es surrt, der Nikolaus rüttelt an der Tür, nichts geht. Der Nikolaus läutet noch mal.

STIMME (OFF) Hallo, hallo, wer is da?
NIKOLAUS Es ist abgesperrt.
STIMME (OFF) Naa. Sie müssen fest drücken.

Es surrt, der Nikolaus drückt fest, fliegt fast rein ins Haus, drückt den Liftknopf; während er wartet, repa-

riert er vollends sein Kostüm. Die Lifttür geht auf, zwei Rocker kommen aus dem Lift.

ROCKER 1 Uui, a Nikolaus, Hahahaa!

ROCKER 2 A Nikolaus, haahaahaa . . .

ROCKER 1 Duast scho wieder kloane Kinder vaschrecka, ha? Geh weida, eh, was hastn in dein Sack drin? Ha?!

NIKOLAUS *Zieht seinen Gabensack an sich.* Lassen Sie mich in Ruhe!

ROCKER 1 Ui, da ander! Laß mi neischaung, Spezi!!

Rocker 1 pöbelt den Nikolaus an, Rocker 2 haut ihm die Bischofsmütze vom Kopf, Rocker 1 haut dem Nikolaus vor die Brust, der Nikolaus verliert seinen Bischofsstab und rettet sich mit einem Sprung gerade noch in den Lift. Tür zu.
Wohnzimmer der Familie Klinger. Die Tür ist offen. Adolf Klinger und Sohn Robert sitzen vor dem Fernseher (Programm: Werbespot). Hannelore Klinger kommt von der Toilette (Rauschen).

ADOLF Herrgott, muaß der ausgerechnet jetzt kemman. Auf wann hast n den bstellt?

HANNELORE Mei, de ham heit vui zum doa, heit und moing.

ADOLF Kann der net früher kemman, der Krippe,
weil, früher sans allwei früher kemman. *Schenkt
Bier nach.*

HANNELORE Vielleicht is er in an Stau neikemman,
oder er hat's net gfunden. *Setzt sich, ißt weiter.*

ADOLF Wenn er besser in der Schui gwesn waar.
Zeigt auf Robert. Na hätt ma heuer gar koan
Nikolaus nimmer braucht.

HANNELORE Ja, mei, jetzt is er scho da.

*Man hört von draußen den Nikolaus schüchtern kratzen
und räuspern.*

HANNELORE Gengas nur rei, 's is offen. So,
Roberti, jetz is er da.

FERNSEHER Zur Fortsetzung des Programms
schalten wir um nach Bremen. – *Sendezeichen.* –

NIKOLAUS (Halb-OFF) *im Flur* Ja, bin ich hier
richtig? Ich such den Robert Klinger.

HANNELORE Ja, kemmas doch rein, legns ab.

*Der Nikolaus betritt das Zimmer. Irritierter Seiten-
blick auf den laufenden Fernseher (im Fernsehen gerade
Ansage: »Vier Fäuste für ein Halleluja« o. ä.).*

NIKOLAUS Guten Abend.

HANNELORE n Abend.

ADOLF Roberti, geh weida . . . *Bedeutet ihm, aufzustehn.*

Robert stellt sich vor den Nikolaus.

HANNELORE Nimm dein Kaugummi raus.

Robert folgt.

NIKOLAUS Vom drauß' im Walde komm ich her,
ich kann euch sagen, es weihnachtet sehr.
Du bist also der Robert Klinger?
ROBERT Ja, warum?
NIKOLAUS Groß bist du schon. Bist du auch immer
schön brav gewesen?
ROBERT Ja, warum?
HANNELORE Geh, weiter, Roberti, sag schön dein
Gedicht auf.
ROBERT *sehr trocken* Komm doch, lieber Sankt Nikolaus, komm mit deinem Sack in unser Haus.
Pfeffernüsse, Mandelkern mögen alle Kinder
gern.

Adolf hat inzwischen den Fernseher lauter gestellt.

FERNSEHER Komm raus, Miller! Ich weiß genau, daß du hier bist, zeig dich, Coyote!! *Musik, Schüsse, Pferdegetrappel.*

Alle, auch der Nikolaus, sehen jetzt fern. – Eine wilde Schießerei, ein Todesschrei, neuer Musikeinsatz.

FERNSEHER Hey, Chandler, Tom hat noch ne Prise Dynamit im Sack, jetzt räuchern wir sie aus!

Adolf zündet sich eine Zigarette an.
Hannelore nimmt sich eine Handvoll Chips, der Nikolaus sieht verstohlen auf seine Uhr.

NIKOLAUS Ja, ich würde ja noch gerne bleiben, es ist sehr gemütlich hier. *TV: Detonation, neuer Musikeinsatz.* Aber, es warten noch andere Kinder auf den Nikolaus.

ADOLF *abwesend* Ja, also, Wiederschaun, nett, daß Sie da warn.

HANNELORE Wiederschaun, dann, bis zum nächstenmal. Sie finden allein raus, gell?

Der Nikolaus schaut schüchtern in der Runde herum, bleibt aber an seinem Platz stehen.

ADOLF Jaa, is noch was?

36

NIKOLAUS Jaa . . . *Deutet auf Robert.*

ADOLF Ja, was is denn?

NIKOLAUS *verschämt* Ja, das Finanzielle . . .

HANNELORE Ah ja, stimmt. Des hättma jetzt fast
vergessn. Geh weida, Roberti, hol gschwind am
Bappa sein Geldbeutl.

*Robert unwillig ab. TV: Prärierittmusik, Pferdegetrap-
pel, Peitschenknallen.*

ROBERT (OFF) Wo is er denn?

ADOLF *zu Hannelore* Geh weida, geh du mal.

Hannelore ab, Adolf macht das Fernsehn etwas leiser.

ADOLF Mögen S' an Schluck Bier?

NIKOLAUS Im Moment nicht, danke.

*Adolf macht den Fernseher noch etwas leiser, man hört
von unten Gejohle und Motorlärm. Adolf schließt das
vorher schräggestellte Fenster, schaut einen Moment hinaus.*

ADOLF Herrgott, de gspinnaten Deifen. *Setzt sich
wieder.*

Der Nikolaus geht ans Fenster, sieht hinaus, man sieht unten eine Rockerclique, die mit dem Bischofsstab des Nikolauses ein Bischofsmützenstechturnier fahren.

NIKOLAUS Nen Schnaps, wenn Sie vielleicht hätten.

ADOLF Mögens an Hubertus oder an Lufthansa?

NIKOLAUS Egal, irgendwas.

HANNELORE So, da hätten mas. Was macht des jetzt heuer?

NIKOLAUS 62 Mark 50.

HANNELORE 62 Mark 50?!

NIKOLAUS Mit Anfahrt.

HANNELORE Jaso, ja, i hab gmoant, da is aa a Krampus dabei?

NIKOLAUS Vom Krampus kommt man immer mehr ab. Aus pädagogischen Gründen ...

HANNELORE Ah so, ja dann. *Zahlt, erhält Quittung.* Also dann, Wiederschaun.

ADOLF *abwesend* Wiederschaun, Herr äh ...

NIKOLAUS Ja, behüt euch Gott. Also, Robert, hast du gehört? Immer schön brav sein. *Gibt Robert eine Weihnachtstüte aus seinem Sack.*

ROBERT Dankschön.

Detonation im Fernseher. Text: Dem haben wirs sauber gegeben. Der ist erledigt. – Musikeinsatz. Der Nikolaus ist verschwunden.

ADOLF Wieviel hat jetz der Scherz kost?

HANNELORE 62 Mark 50. Mit Anfahrt vom Künstlerdienst.

ADOLF 62 Mark 50, das is ja a Unverschämtheit, dafür kann i ja scho a Doktor kemma lassn.

HANNELORE Ja mei, ois werd teirer.

ADOLF Abers nächstemal nehman mia oan vom Pfarramt. De san billiger. Und echter.

HANNELORE Ja, heuer ham mia ja koan andern mehr kriagt. De vom Pfarramt warn ja scho alle ausgebucht.

Robert geht ans Fenster.

ADOLF Ja mei, na bstellst halt scho glei jetzad oan für nächsts Jahr.

Robert sieht zum Fenster raus, man hört johlende Rocker, die den Nikolaus jagen . . . Robert grinst.

Der Weihnachtsneger

Frau Demmeler: Also, mia ham uns heuer, ham mia uns an Neger kommen lassen, an Weihnachten. Des war im Zusammenhang mit dieser Aktion »Brot für die Welt«. Ja, also, ich mein, mia ham schon drauf gschaut, gell, daß was Seriöses reinkommt, net. Er is uns ja eigentlich direkt vermittelt worn von der Landesbodenkreditanstalt, weil, da is er doch Assistent. Er hat alles kriegt, net, also, mia ham ihm an Spekulatius, ham mia ihm angeboten, an Zopf, an Stollen, was vom Gebäck, also, er war ganz begeistert. Und, er is ja auch aus a sehr guten Familie, er kommt aus Tschurangrati, sei Vater is irgendwie König oder so was Ähnliches, von Beruf, net. Und, ich mein, mia warn nicht unzufrieden, mit ihm. Gell, er hat gessn, er hat gschaut, net, er hat die Augen ganz weit und die Ohrwaschel gspitzt, weil des is er ja net gwöhnt, a so a Weihnachtsfest. Aber daß dieser junge Mensch also a so, sagn mia amal, transpiriert, net, also, daß er so schwitzt, da hat der Bappa, hat gsagt, also, des is ja, des geht ja net, also an Weihnachten, und da Bappa hat auch gsagt, mia nehmen s nächstemal kein Neger mehr. Gell. Und der Bubi steht ja scho lang auf am Indianer, also, s nächste mal nehmma uns an Indianer.

Die Weihnachtsgratifikation

RENTNERIN He Sie, hallo, hallo, wo bleibt denn meine Weihnachtsgratifikation? He, ja Herrschaft, hallo, es geht um meine Weihnachtsgratifikation. Ja Herrschaft, ist da niemand da? Meine, meine Weihnachtsgratifikation zu Weihnachten. Ja, Sie, wo bl... Sie, hallo, meine Weihnachtsgratifikation. Ich, ich erhalte eine Weihnachtsgratifikation von 14 Mark 80, wo, ich meine, wo ist denn die?

CHARLES DICKENS
Ein Weihnachtsmärchen
Neu übersetzt und illustriert von Volker Kriegel

»Das ist das alte, ewig frische, ergreifende Weihnachtsmärchen, das sich Charles Dickens vor 150 Jahren ausge-
dacht hat. Nun also in einer neuen, gutgelaunten, die Senti-
mentalität überspielenden Übersetzung von Volker Kriegel:
Seine Sprache ist bildkräftig, reichhaltig, bisweilen auch
salopp und seine seitengroßen Illustrationen, schöne,
lustige, farbige Bilder, sind ein Vergnügen.«

Manfred Sack, Die Zeit

»Volker Kriegel hat das Märchen sprachlich aufgemotzt, vor
allem aber wunderbare Zeichnungen eingestreut, die dazu
verführen, sich in Dickens' grausame, aber auch warme und
opulente Welt hineinfallen zu lassen.« *Till Lenz, Die Woche*

»Früher fesselte Dickens' Weihnachtsmärchen die Zuhörer
bis in den April. Volker Kriegels pfiffig entstaubte Neu-
übersetzung dürfte dies auch heute noch schaffen. Allein
seine pointierten Illustrationen sind ein Fest. Wie dem
Griesgram der winterliche Schnodder an der Nase gefriert:
märchenhaft.« *Andreas Lammers, Coolibri*

HAFFMANS VERLAG